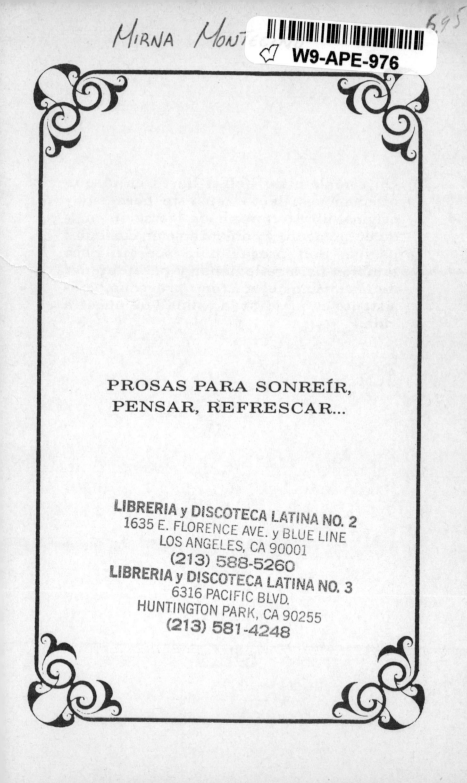

MIRNA MONTE...

595

W9-APE-976

PROSAS PARA SONREÍR,
PENSAR, REFRESCAR...

Un ramillete de bellas flores es el que ofrecemos al lector en este hermoso y original librito que puede leerse en cualquier momento y comenzarse en cualquier página. Son prosas para sonreír, pero también para reflexionar y para obtener de las mismas el máximo provecho, consistente en mejorar la calidad de nuestra vida.

LOS *LIBROS* HACEN   *LIBRES* A LOS HOMBRES
HERIBERTO FRÍAS 1104

EDAMEX

MÉXICO, D.F. 03100

PROSAS
para sonreír,
pensar,
refrescar...

Juan Ignacio
Calva Morales

Título de la obra: PROSAS PARA SON-
REÍR, PENSAR, REFRESCAR.

Portada: Dpto. Artístico de EDAMEX.

Segunda edición: febrero de 1995.

Ficha Bibliográfica:
    20. Literatura.

ISBN-968-409-763-8

Impreso y hecho en México con papel reciclado.
Printed and made in Mexico with ecological paper.

Si al salir corriendo de casa, o llegar corriendo al trabajo, o entre una clase y otra, o antes de dormir; usted lee... "prosas cortitas" una diaria, que lo saquen de lo irreflexivo, o lo sumerjan en lo profundo de lo cotidiano, o le den material para pensar en algo, este libro habrá cumplido su cometido.

Alegremente,

Jeannot le Boufon

1

Pensar y escribir, es
ir formando
estalactitas,
de la mente hacia la
letra, hacia la boca,
o hacia el otro...
estalactitas que
invitan a seguir
entrando en esa
gruta que me llamo
"yo"...

2

Creación:
Las cenizas y el
polvo, estaban, y
Dios sopló, las puso
en movimiento,
en sonido y en
color... y se
llamaron hombre,
mundo y cosmos...

3

¡No habrá jamás
solidaridad real que
no sintetice en un
"nosotros", ni
"nosotros" que no
brote de un yo
interior, que haga
comunión con un tú
profundo y
trascendente!

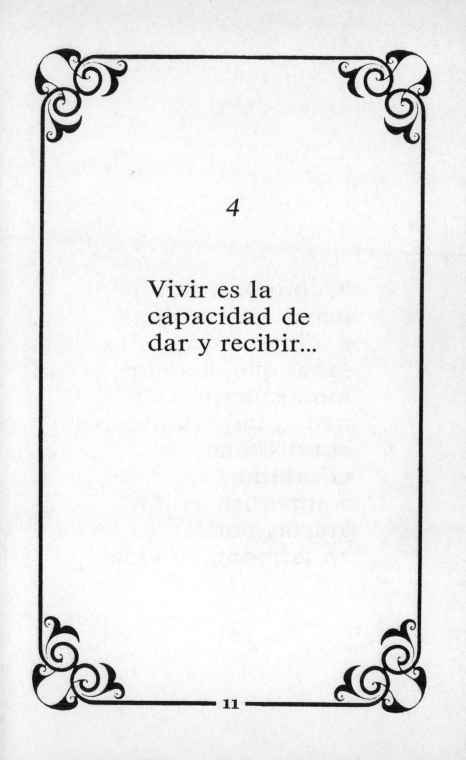

4

Vivir es la capacidad de dar y recibir...

5

¡Caminó, sí caminó,
pensó que su meta
era llegar, sin
saber que de todos
modos llegaría... y
que lo importante
era disfrutar
el camino,
compartirlo, y dar
gracias por él
en la montaña-vida!

6

¡Qué obtusa y
opaca mi vida
sin tu vida,
sin tu presencia
viva,
sin tu palabra...
ella me despierta!

7

Un búho es algo
más que silencio
y mirada, es toda
la realidad captada,
aún de noche,
introyectada,
y en germen
de liberación...
¡Ah, si los búhos
hablaran..!

8

Mamá y Papá =
Puerto, raíz,
pértenencia,
autoestima...
trascendencia.

9

¡Qué pena la
soledad
sin interioridad,
que sólo es
refugio de
resentimiento
y decepciones,
como el rincón
obscuro de castigos,
y no como el paso
iluminado a nuestra
sala!

10

¡Qué lástima me
das: eras aurora
y te convertiste
en un ocaso,
deshilachado
y triste, una tarde
lluviosamente
gris!

11

Muerte y Amor:
Dos locuras, dos
sin sentidos,
dos riesgos totales,
para los que sin
embargo, se vive.

12

¡En esta tarde
lluviosa invité
a las ranas a
croar conmigo
una tristeza!

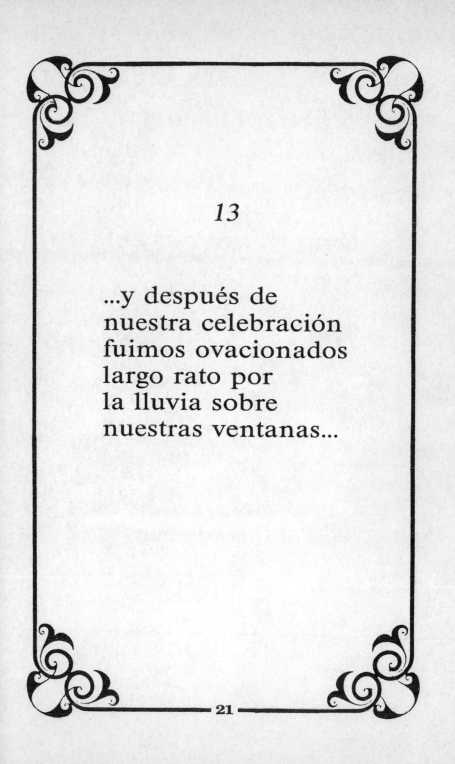

13

...y después de
nuestra celebración
fuimos ovacionados
largo rato por
la lluvia sobre
nuestras ventanas...

14

El milagro de la creación, de Dios, no fue el hacer o el estar, sino el ser... la comunicación...

¡Y las cosas se comunicaron! Dios les dio vida, les comunicó su Espíritu; y en la plenitud de los tiempos esa comunicación se hizo plena, y se llamó: Jesucristo...

15

Cuando yo
descubrí a las
niñas, descubrí
la locura de Dios,
espero no ser
condenado,
por haberme
contagiado de ella...

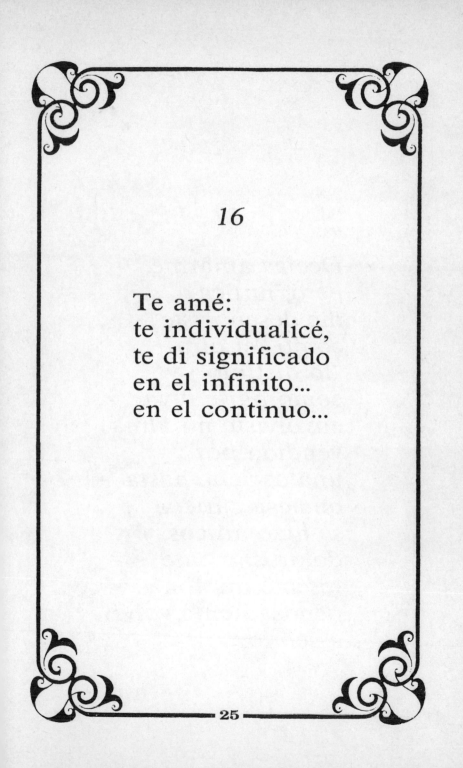

16

Te amé:
te individualicé,
te di significado
en el infinito...
en el continuo...

17

Decías amarme,
pero, nunca
me descubriste
como "el otro";
"lo distinto", y
como parte tuya
envolviste mi alma
vendida por
una caricia, hasta
que esa caricia
se hizo añicos, y
dolorosamente
rescaté mi alma...
penosamente volví
a ser yo...

18

¡Las niñas y
los gatos: dos seres
linces, blandos,
ronroneadores,
ingratos..!

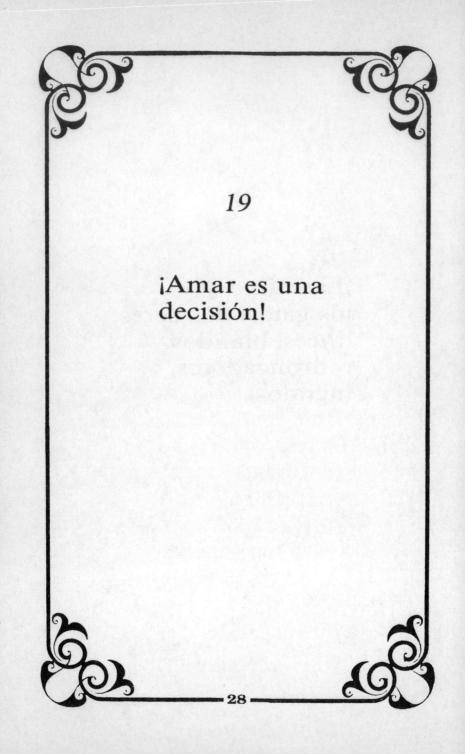

19

¡Amar es una decisión!

20

...y después de
mucho andar,
constato lo mismo:
el valor de la
fidelidad; el otro,
como respuesta
al propio; la
constancia en algo;
la esperanza
compartida... no hay
más para vivir...

21

Una niña puede
ser la conciencia del
pasado, del presente
y del futuro...
de la historia... del
ser trascendentes...
por eso todas las
niñas deberán
llamarse:
¡Presencias!

22

En una pareja la
clave es:
renovarse, atraer,
seducir (ser un tanto
extraño, un poquito
ajeno, un algo
prohibido...)

23

Ojo novios:
¡No sólo amar,
sino también algo
que norme y en
determinados
momentos impulse!

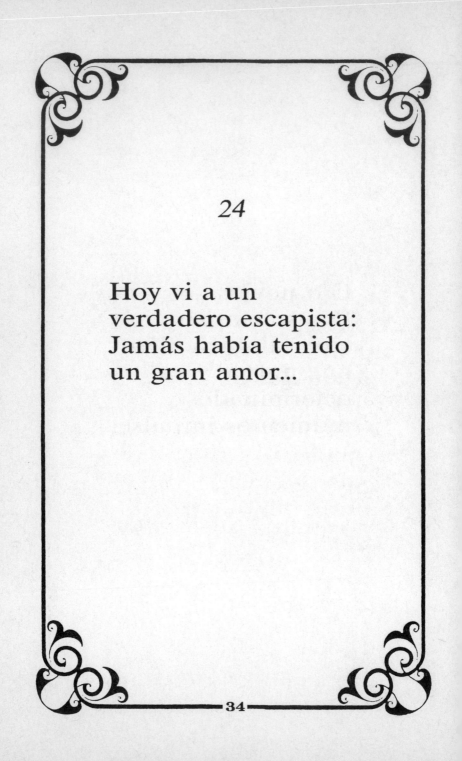

24

Hoy vi a un
verdadero escapista:
Jamás había tenido
un gran amor...

25

Amar, purificar
siempre el amor,
para liberarlo
de utilitarismos,
de egoísmos, para
encontrar la
alteridad total,
que nos da la
individualidad
y el entorno.

26

La impotencia del
hombre ante muchas
cosas en la vida,
lo hace humilde...
y sólo entonces
puede pronunciar
un... ¡te amo!
Porque también se
atreverá a decir
un ¡perdóname!, o
¡adelante no ha
pasado nada!

27

La Esperanza =
el otro; se nos
vuelve luna llena en
esta noche
existencial... pero,
hay nubes que
ensombrecen y
pueden crear la
tiniebla, la
oscuridad,
y el sin sentido...

28

Las niñas son
como las nubes,
lejanas de la
realidad, suaves,
inestables, volubles,
caprichosas...
tormentosas...

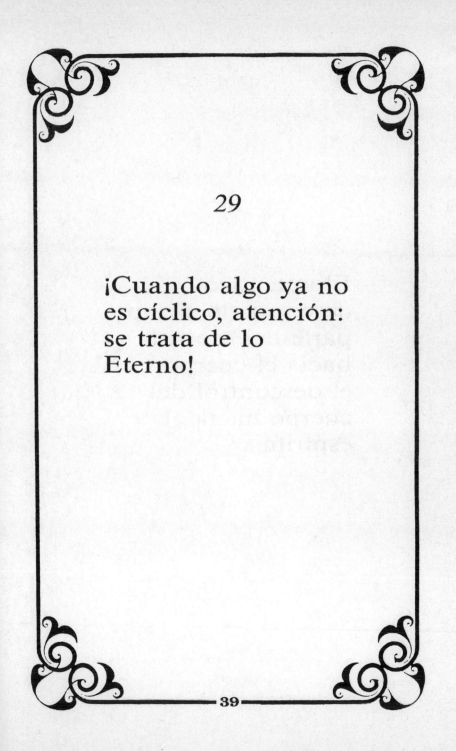

29

¡Cuando algo ya no
es cíclico, atención:
se trata de lo
Eterno!

30

El auténtico
desconcierto siempre
parte del espíritu
hacia el cuerpo;
el descontrol del
cuerpo hacia el
espíritu...

31

La historia, la vida
y el tiempo no
son una espiral, sino
un caracol, con un
pasado que inicia un
presente abombado,
y un futuro que
se apunta...

32

La inconciencia
de ellos,
la llamaban:
problema de
comunicación...

33

Los deseos, la
sensación y el amor
son tres columnas
distintas que se
elevan hacia el cielo,
pero, tienen algo
común que las une,
el piso de creatura...

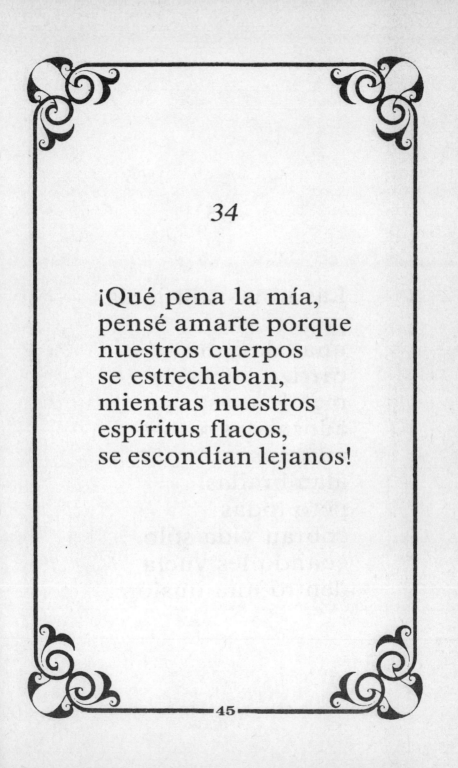

34

¡Qué pena la mía,
pensé amarte porque
nuestros cuerpos
se estrechaban,
mientras nuestros
espíritus flacos,
se escondían lejanos!

35

Las niñas son jaulas
pajareras:
unas de caña,
carrizo, otras de
metal, unas
adornadas, otras
austeras,
alambradas,
pero todas
cobran vida sólo
cuando les vuela
dentro una ilusión...

36

Economía:
No abandonar los
campos ya
cultivados...

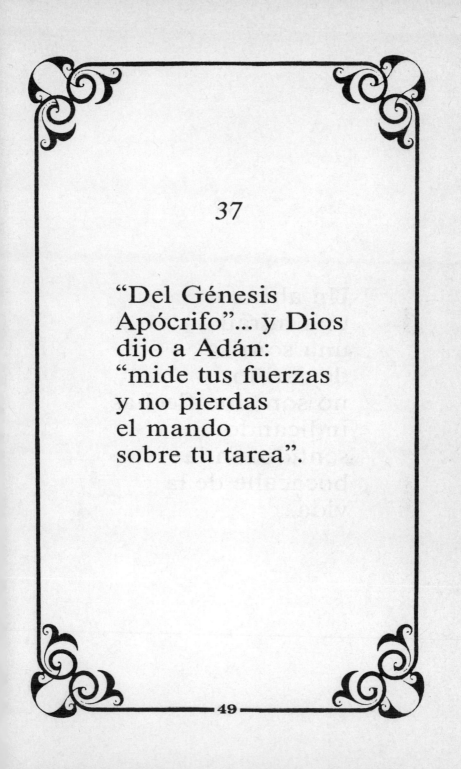

37

"Del Génesis
Apócrifo"... y Dios
dijo a Adán:
"mide tus fuerzas
y no pierdas
el mando
sobre tu tarea".

38

Un abrazo,
una mirada,
una sonrisa
de cariño,
no son sino flechas,
indicando un
sentido, en la
bocacalle de la
vida..

39

Una úlcera es una
sensación de vacío,
de incomodidad,
inflamación, agruras,
angustias, ardor y
dolor... ¡Cuidado:
hay úlceras en
el alma!

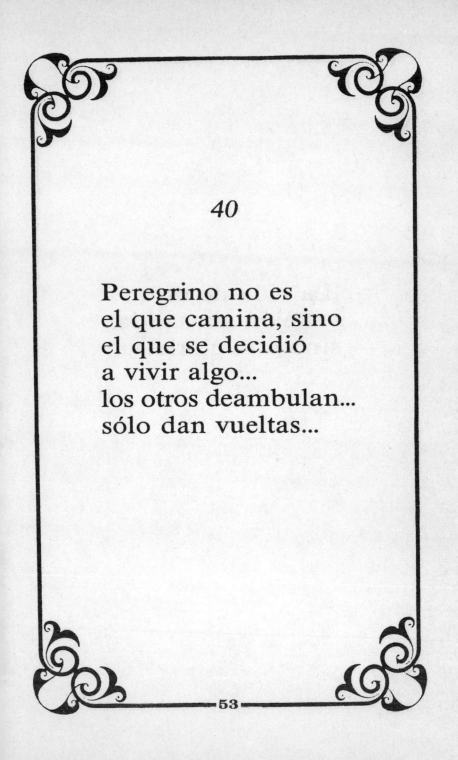

40

Peregrino no es
el que camina, sino
el que se decidió
a vivir algo...
los otros deambulan...
sólo dan vueltas...

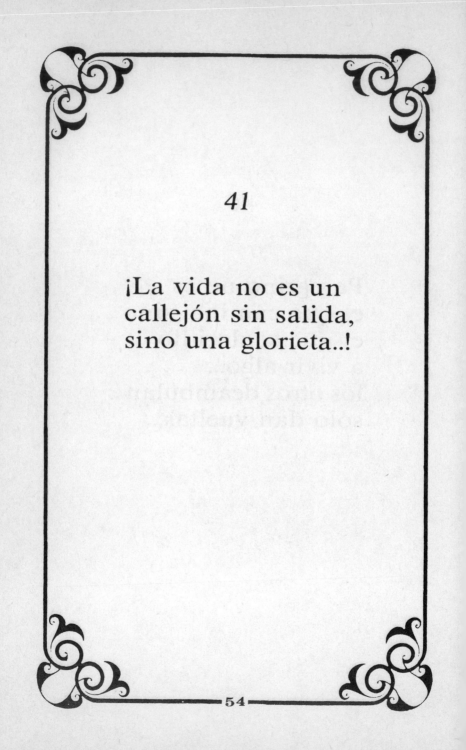

41

¡La vida no es un
callejón sin salida,
sino una glorieta..!

42

Adolescencia y
mujer:
alguien a quien
se absolutiza, se
endiosa, se gira en
torno a ella... para
alejarse, aburrirse,
relativizarla en la
misma proporción y
fuerza...

43

¡Sólo se vive
una elección... lo
demás se nos va
muriendo,
o nos va matando,
no es Resurrección!

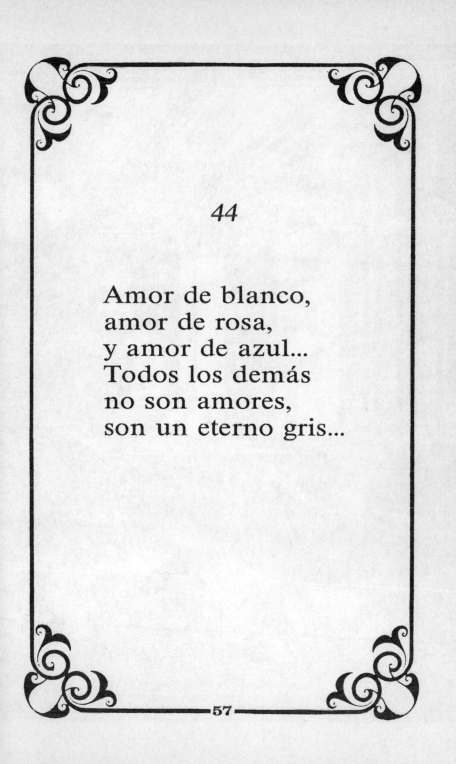

44

Amor de blanco,
amor de rosa,
y amor de azul...
Todos los demás
no son amores,
son un eterno gris...

45

Sabio = El que sabe
dialogar con su
propio corazón.

46

Fascinación, no es
la estupefacción
inmediata; sino
la cautividad
postrera del
corazón...

47

Amar:
ejercitar la
capacidad de creer
siempre en el otro.

48

Se puso de pie
para despedirme
pero, era tan
pequeña,
que tan sólo
el corazón pudo
adivinar, para mí,
el fulgor de su
mirada...

49

¿El secreto de
nuestro amor?
Tu interioridad
desarrollada,
y expresada en
una atrayente,
elegante, fina, fuerte,
exterioridad...

50

¡Fidelidad es la
capacidad de
despertar al otro
a lo algo más!

51

¡¡¡Y le hice todo
el amor del mundo,
tan sólo con una
mirada!!!

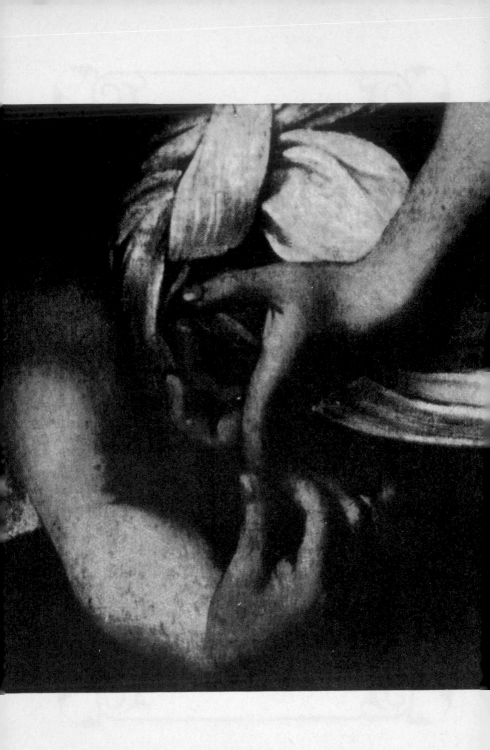

52

Se les hizo un golpe
la mirada,
un nudo la garganta,
un enredo las
manos,
y todo lo demás:
un espectáculo
mudo, caótico,
sin límites...

53

¿Quién eres tú?
¿Si cierro mis ojos
y puedo verte,
tocarte, tenerte..?
¡El puente entre
el presente y el muy
presente..!

54

¿Se aprende el
miedo?
¿Se aprende el amor?
¿Se educa el miedo,
se educa el amor?
Sólo es cuestión
de presencias,
de estar con o no
estar con... eso que
ahora te llamas tú...

55

Si en la estepa
helada de la vida,
no somos como
caribúes y vivimos
en manada, nos
despedazarán los
lobos uno a uno.

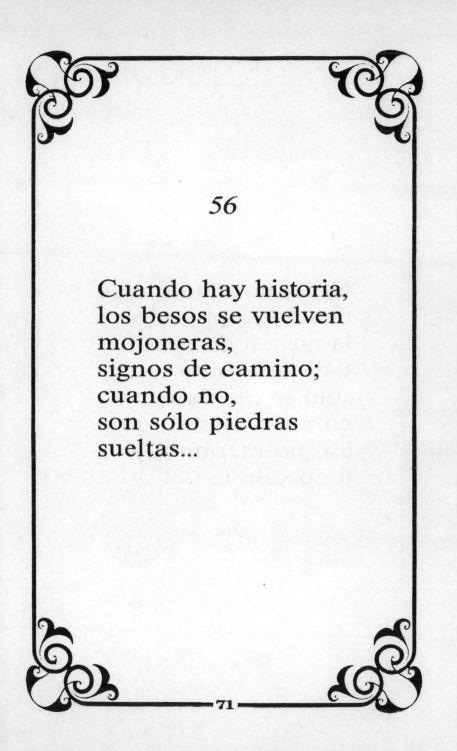

56

Cuando hay historia,
los besos se vuelven
mojoneras,
signos de camino;
cuando no,
son sólo piedras
sueltas...

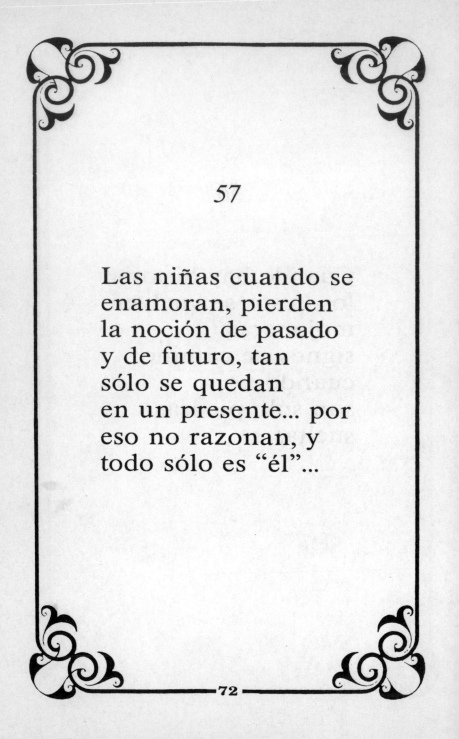

57

Las niñas cuando se
enamoran, pierden
la noción de pasado
y de futuro, tan
sólo se quedan
en un presente... por
eso no razonan, y
todo sólo es "él"...

58

Me quedé viendo
al infinito por
donde se fue...
y desde entonces
el mundo no es
redondo, sino
círculo vicioso...

59

Se me quedó
mirando,
y de sus dos ojos,
nidos entre la
enramada
de sus cabellos,
volaron dos
gaviotas hacia mí...

60

Cuando tú me
acaricias,
es como un
confeti de rueditas
de amor,
cayendo sobre
mi cabeza, en este
desfile de frialdad
y vulgaridad...
rueditas de amor
de muchos colores
para mí...

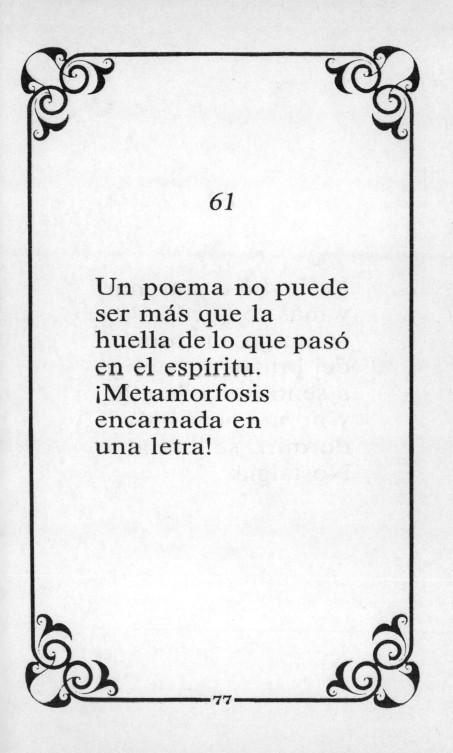

61

Un poema no puede
ser más que la
huella de lo que pasó
en el espíritu.
¡Metamorfosis
encarnada en
una letra!

62

La invité a marchar,
y más se quedó
conmigo, me tomó
del brazo, me obligó
a sentarme con ella,
y no me permitió
dormir... se llamaba:
Nostalgia...

63

Hoy,
a la niña más
hermosa,
le hice llover
en un beso,
toda la lluvia
de la tarde...

64

Pinocho, el muñeco
por excelencia,
el que representa
el bien, el amor,
como todo muñeco
con alma de niño,
aunque tenga nariz
de mentiroso;
tiene amigos, crea
comunidad,
¡nació para esto..!
Y tiene las agallas,
y el coraje de
la aventura... es casi
algo vivo ¡Mi amigo!

65

Te empecinas en
mentirme, en decirme
que me quieres,
que te quiero,
en lanzarte
en el vacío en
pos de alguien,
en volver a creer...
ya sé quién eres,
te llamas: Corazón

66

Las calaveras no son,
sino un infinito
empedrado por
donde se entra a la
huerta de la historia...

67

¿Qué es lo que
nos queda, en este
ser históricos,
de este caminar
de un pasado
a un presente
y de éste hasta la
eternidad?
¡Tal vez lo más
precioso: es la
Amistad!

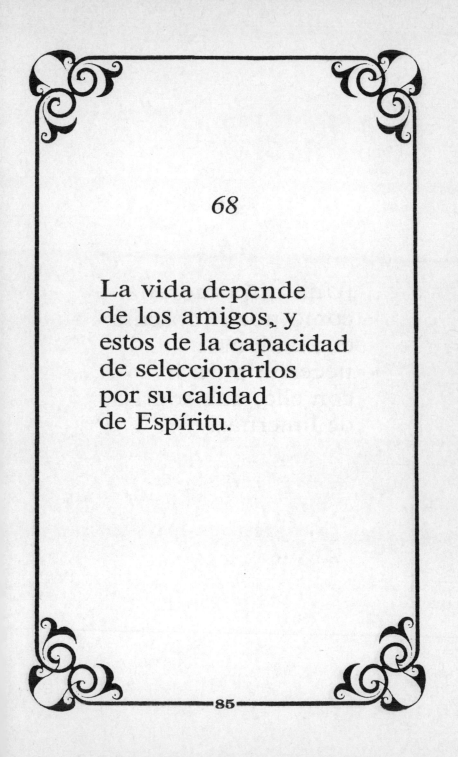

68

La vida depende
de los amigos, y
estos de la capacidad
de seleccionarlos
por su calidad
de Espíritu.

69

¡Una niña morena,
como noche obscura,
con quien se
necesita para ir
con ella, una sonrisa
de linterna..!

70

Bastante
sufrimiento y
castigo es
estar donde
no deberíamos,
ser lo que no
somos...

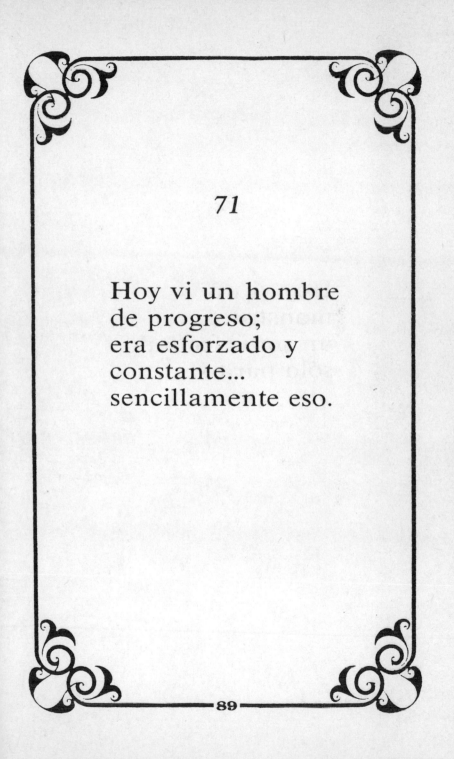

71

Hoy vi un hombre
de progreso;
era esforzado y
constante...
sencillamente eso.

72

Hoy vi un
monstruo:
un ser infecundo,
sólo para sí...

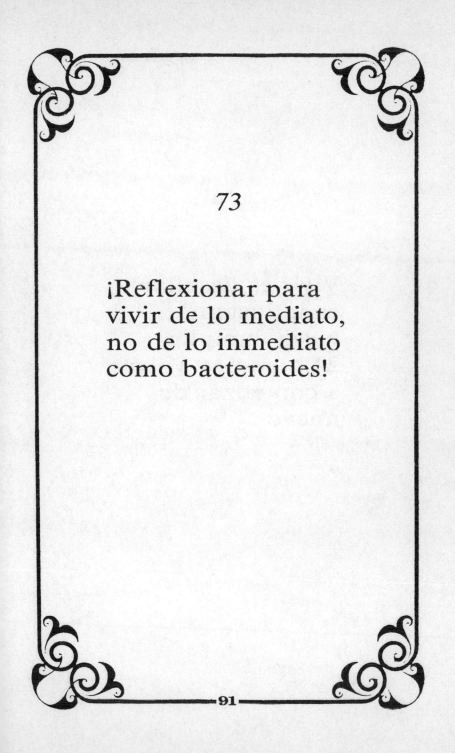

73

¡Reflexionar para
vivir de lo mediato,
no de lo inmediato
como bacteroides!

74

Vivir es desafiar
cada instante...
hasta cumplir
24 horas... y volver
a comenzar de
nuevo...

75

Las niñas para
ser niñas deben ser
como el cognac,
con bouquet,
añejamiento,
cuerpo y calar
profundo, si no,
no valen para vivir
o morir por ellas...

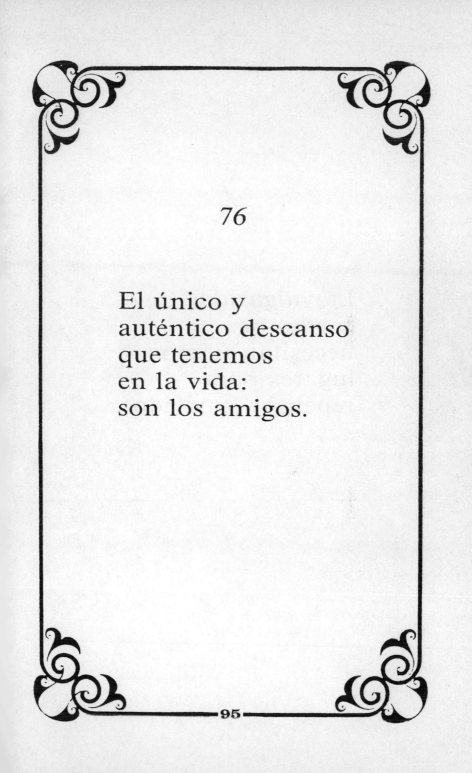

76

El único y
auténtico descanso
que tenemos
en la vida:
son los amigos.

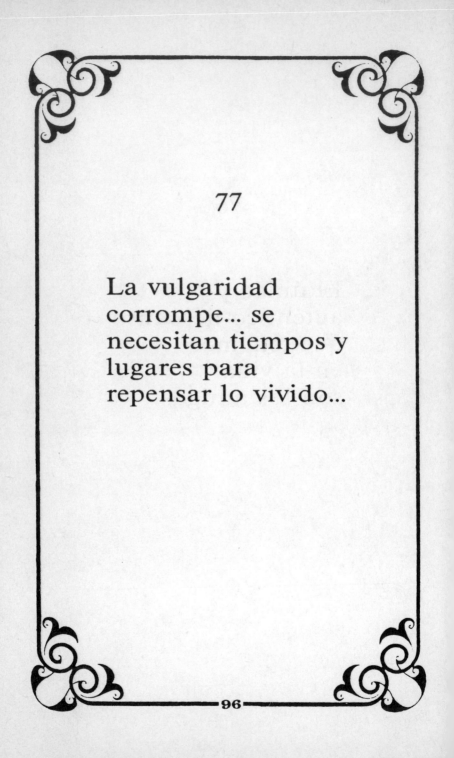

77

La vulgaridad
corrompe... se
necesitan tiempos y
lugares para
repensar lo vivido...

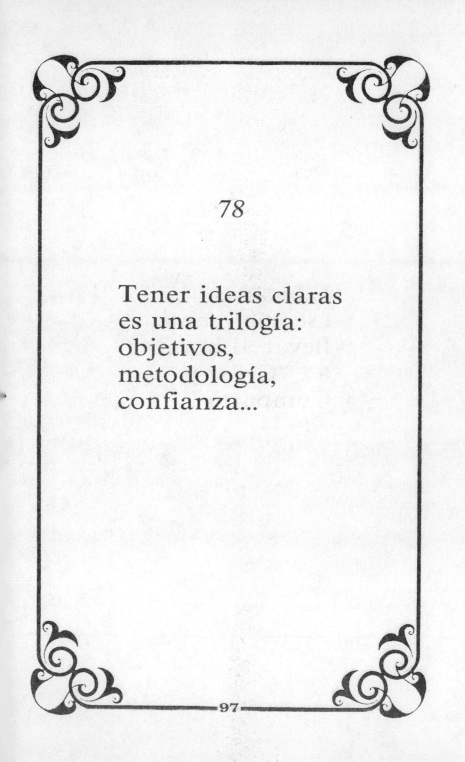

78

Tener ideas claras
es una trilogía:
objetivos,
metodología,
confianza...

79

Educar es esencialmente llevar al hombre a... "Crear y Compartir"

80

¡Mi esposa =
Mi libertad!

81

Les dio la mano,
con tanto amor y
entusiasmo, que se
les volvió una
cuerda por donde
todos los que
querían se agarraban,
se llamó: Jesucristo.

82

El infierno es ser
lo que nunca debimos
haber sido... actuar
de voluntarios,
sin vocación.

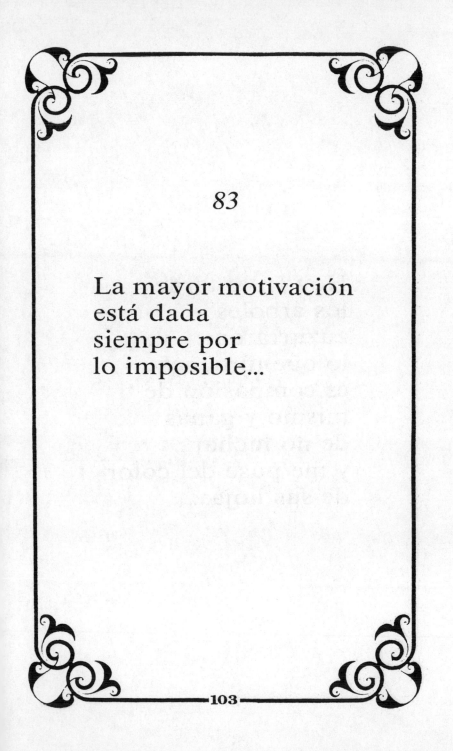

83

La mayor motivación
está dada
siempre por
lo imposible...

84

Hoy en la tarde
los árboles
zuzurraron:
lo que tú tienes
es compasión de tí
mismo y ganas
de no luchar...
y me puse del color
de sus hojas...

85

Se necesita para ser:
participación y
comunión; hay quien
participa en
la creación, mas no
comulga en el
plan salvífico...

De hominum Unicorniumque commercio

Sanctus. Sanctus. Sanctus

Valde antiquum hunc commercium
inter creaturas tam dissimiles

Valde mirabilis haec locutio
sine verbis
sermo in linguis
oratio antecedens
omnem rationem

86

El Unicornio, no
es más que el
Espíritu del Hombre
mitificado; elegante,
fino, destacado,
perceptible a los
de ojos puros, a los
sensibles, incitador de
ideales, hecho a imagen
y semejanza de Dios...

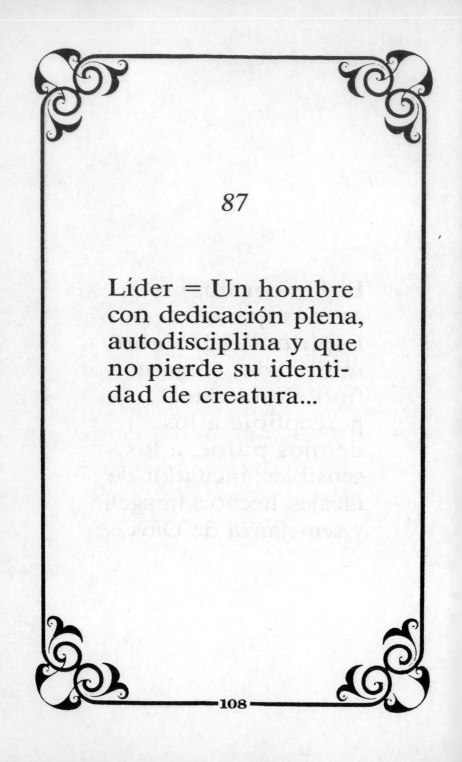

87

Líder = Un hombre con dedicación plena, autodisciplina y que no pierde su identidad de creatura...

88

¡Confesarte es
regenerar otra vez
tu niño!

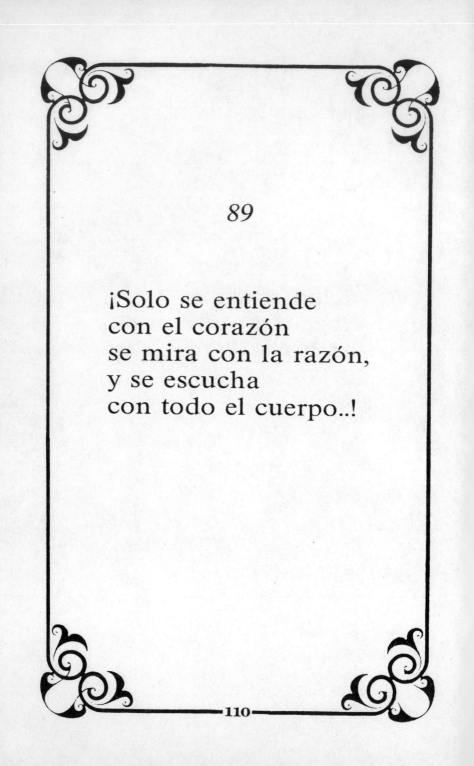

89

¡Solo se entiende
con el corazón
se mira con la razón,
y se escucha
con todo el cuerpo..!

90

El recogimiento
es una paradoja:
ver desde fuera
los propios problemas
y avanzar...

91

No hay más muerto,
que al que le matan
las ganas de vivir,
aunque tenga un
altar de ofrendas
a donde bajar a
nutrirse para
sobrevivir...
¡Todo es noche de
muertos, cuando
el amor acaba!

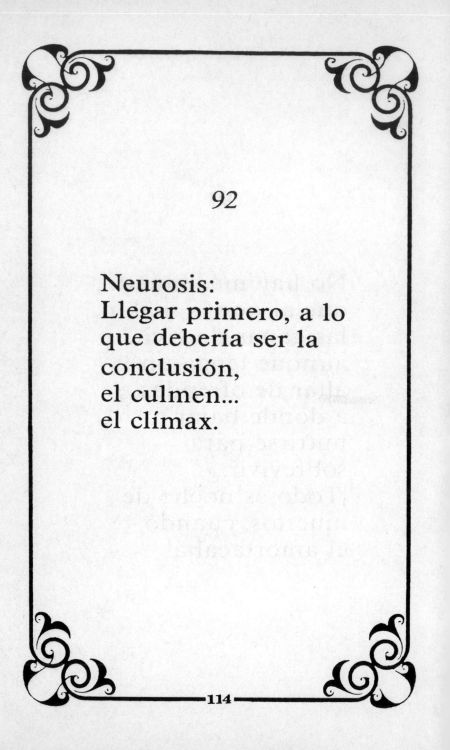

92

Neurosis:
Llegar primero, a lo
que debería ser la
conclusión,
el culmen...
el clímax.

93

Bienaventurado aquel que esté preparado para cuando la historia le dé su cita...

94

¿Cómo podría usted
definirse hoy?
Y él contestó:
¡Esencia palpitante,
filiación divina,
sonrisa de Dios..!

95

La calidad del
humano no se da en
su interioridad...
brújula de opciones,
y medida de
crecimiento.

96

¡Si tus ojos no
salpicaran a mi
yo de Ser viviría sin
saberlo y apreciarlo!

97

Si ya no soy
motivación,
ni liberación para
otro: ¡qué soledad
la mía!

98

Pasó una niña con
paso rítmico,
respiración de blues,
corazón de
orquesta, mirada
de batuta, y cuerpo
de corchea: era la
hija del Director
de banda.

99

...y por qué 99?
Para parecerme un
poquito a Dios: Él
también dejó su
creación
inconclusa...

PROSAS PARA SONREÍR, PENSAR, REFRESCAR. Segunda edición, quedó totalmente impreso y encuadernado el 28 de febrero de 1995. La labor se realizó en los talleres del Centro Cultural EDAMEX, Heriberto Frías 1104, Col. del Valle, México 03100. Se hicieron 2,000 ejemplares.